QUI N'EST PAS RACISTE, ICI ?

Du même auteur :

Les A.N.I. du Tassili, Le Seuil, 1984.
Courage et patience, Lattès, 2000 ; Pocket, 2009.
Le Porteur de cartable, Lattès, 2002 ; Pocket, 2003.
Alphonse, Lattès, 2005 ; Pocket, 2007.
Bel-Avenir, Flammarion, 2006 ; J'ai lu, 2008.
Il était une fois… peut-être pas, Lattès, 2008 ; Pocket, 2011.
Western, Flammarion, 2009.
La meilleure façon de s'aimer, Lattès, 2012 ; Pocket, 2014.
Les Thermes du Paradis, Lattès, 2014 ; Pocket, 2017.
La Reine du tango, Lattès, 2016 ; Pocket, 2018.
La vérité attendra l'aurore, Lattès, 2018.

www.editions-jclattes.fr

Akli Tadjer

QUI N'EST PAS RACISTE, ICI ?

JC Lattès

Couverture : Le Petit Atelier

ISBN : 978-2-7096-6532-2

© 2019, éditions Jean-Claude Lattès.
(Première édition : mars 2019)

Pour Isabelle Laffont.
Merci pour la belle aventure littéraire.

« Un gagnant est un rêveur
qui n'abandonne jamais. »

Nelson Mandela.

Envoyé le : lundi 24 septembre 2018 17 :06
À : akli tadjer
Objet : Vendredi 16 novembre 2018

Bonjour,
Je souhaite savoir si la date du vendredi 16 novembre vous convient pour des raisons administratives : autorisations de sortie, billets de bus, etc.
Sinon, je voulais aussi vous prévenir que nous avons lu des extraits du *Porteur de cartable* (cela s'appelle un parcours de lecture, je résume entre deux extraits).
Et donc, il y a eu une levée de boucliers de certains élèves car l'auteur n'est pas français (j'aimerais qu'ils écrivent le français comme vous...), l'histoire ne concerne pas la France (ils ne savaient pas que l'Algérie avait été française) et il y a du vocabulaire en arabe... Un élève a refusé de lire pour ne pas prononcer le nom « Messaoud ». J'ai dû l'exclure.
Autrement dit, des réflexions vraiment racistes : j'ai fait un rappel à la loi et soi-disant des parents vont venir à la réunion parents-prof m'en parler (pour une fois, ils viendraient !).
J'espère que cela ne vous rebute pas de les rencontrer (s'ils en ont le courage... et ne sèchent pas ce jour-là), dites-moi votre sentiment là-dessus svp.
Cordialement

J'ai reçu ce mail juste après une rencontre pleine de chaleur et d'amitié avec mes lecteurs dans une médiathèque où je venais d'échanger autour de mon dernier roman *La vérité attendra l'aurore,* un texte sur le destin d'une famille unie que la folie de l'islam radical va détruire et briser à jamais.

Ce mail m'a choqué, blessé et rendu furieux parce que c'était la première fois que je recevais un message d'une telle brutalité. Pire encore, je l'ai pris comme une insulte à mon métier d'écrivain qui est l'engagement d'une vie. Je n'écris pas pour passer le temps ou briller en société, j'écris parce que je porte en moi des soleils tourmentés, des bruits de guerre et des feux mal éteints. J'écris sur la quête d'identité, la quête de l'Autre pour rapprocher nos contraires avec l'espoir qu'il en restera une trace.

Il y a quelques mois, des amis libraires m'ont présenté à cette professeure d'un lycée de province. Elle souhaitait m'inviter à parler du *Porteur de cartable* après l'avoir fait étudier à ses élèves de terminale. J'ai d'abord décliné son offre car ce roman date d'une quinzaine d'années et, lors de mes rencontres, je préfère que l'on découvre mes derniers romans. Elle a insisté, puis ajouté d'une petite voix douce, presque gênée : « Votre livre leur ouvrirait l'esprit, je l'espère. »

J'ai compris le message subliminal et attendu qu'elle me propose une date.

Le Porteur de cartable est l'histoire de deux garçons d'une douzaine d'années qui se déroule en France à la fin de la guerre d'Algérie, en mars 1962. Omar est une petite main du FLN, le mouvement indépendantiste. Raphaël est un rapatrié : un pied-noir, pour faire simple. L'un rêve d'un pays neuf. L'autre pleure un pays perdu. Ces deux gamins qui ont tout pour devenir meilleurs ennemis vont passer outre les préjugés et les ressentiments de leurs parents, car le monde des enfants n'est pas celui des adultes. Ils finiront par devenir inséparables comme les deux faces d'une médaille. *Le Porteur de cartable* est un roman sur l'altérité. Qui « a de l'empathie », comme on dit maintenant, parce que je sais que la peur de l'Autre engendre la méfiance, qui mène à la haine et souvent à la guerre

Ce texte, devenu un classique, est étudié dans un grand nombre de collèges et de lycées français, algériens, tunisiens. Je suis intervenu cent fois dans des écoles ou dans des hôpitaux pour enfants malades pour parler du racisme, de celui qui est différent de soi, de l'étranger qui, loin de me léser, m'a toujours enrichi, ainsi que l'écrivait Saint-Exupéry.

À sa sortie, j'ai reçu des lettres qui me remerciaient d'avoir rallumé des soleils, le temps d'une lecture. J'en ai reçu d'autres pleines d'aigreur, de colère et de rancœur. Plus d'un demi-siècle après l'indépendance de l'Algérie, le feu couve toujours sous la cendre.

Avant, on pensait le racisme chez soi ou au bistrot du coin mais, depuis l'arrivée des réseaux sociaux, la parole s'est libérée pour le meilleur et pour le pire. Des torrents de fiel et des appels au meurtre sont déversés quotidiennement contre les étrangers. À coups de slogans que ne renierait pas leur modèle du Troisième Reich, des groupes identitaires veulent renvoyer à la mer les naufragés des guerres et de la faim. Des Cassandre annoncent que la race blanche sera bientôt gâchée par le flux continu de toutes sortes de métèques. D'autres voient derrière chaque Arabe – terme générique désignant tout ce qui est bronzé – un terroriste en puissance. Je ne suis dupe de rien. Je sais bien que ce n'est pas seulement avec de bons sentiments et mes romans que le racisme disparaîtra mais, plus aujourd'hui qu'hier, c'est mon combat parce que cette maladie ne connaît pas la rémission. Mon

Qui n'est pas raciste, ici ?

optimisme naturel veut que je ne renonce jamais à ce défi. Je veux laisser à nos enfants une société fraternelle dont nous puissions être fiers. Ce sont les rêveurs et les utopistes qui nous ont apporté les Lumières et l'Humanité. Je me revendique de cette famille.

Alors la France est-elle un pays plus raciste qu'un autre ?

Il suffit d'avoir voyagé pour se rendre compte que le racisme est la connerie la mieux partagée au monde.

Tout récemment, l'Algérie a élu sa Miss Algérie. Une jolie femme au teint doré comme un soleil couchant sur une dune du Sahara. Pour les adeptes de la blancheur éternelle, elle était indigne de porter l'écharpe et le diadème car trop noire à leur goût. Facebook et compagnie ont chauffé. Elle a été la cible d'attaques qui feraient passer les membres du Ku Klux Klan pour de petits angelots. Certains commentaires reprenaient mot pour mot les éléments de langage qui avaient avili leurs grands-parents du temps de la France coloniale.

En Algérie comme sous d'autres cieux, c'est toujours la même chanson, il faut deux Noires pour faire une Blanche.

N'est-ce pas, Lily des Somalies ?

Lorsque je suis rentré chez moi, ma colère n'était toujours pas retombée. J'ai relu le mail pour essayer de comprendre ce qui poussait ces jeunes d'une France silencieuse à se montrer si hostiles, si haineux, si racistes.

Akli Tadjer n'est pas Français.

S'ils n'avaient pas méprisé mon ouvrage, ils auraient lu que je suis né à Paris. Avec mes soixante ans passés, j'ai ouvert les yeux sur la France bien avant leurs parents. Ce pays, je ne l'ai pas vraiment étudié au lycée – je n'aimais pas beaucoup l'école –, je me le suis surtout approprié en lisant des livres d'occasion que j'achetais dans des brocantes ou au marché aux Puces du Kremlin-Bicêtre. Sa géographie, son histoire, ses

Qui n'est pas raciste, ici ?

légendes, ses héros, ses victoires, ses défaites, je les connais mieux que quiconque et je m'en enorgueillis.

Des élèves ont estimé que la guerre d'Algérie ne les concernait pas. Qu'ils préféraient étudier l'histoire de France.

Faut-il en rire ou faut-il en pleurer ?
C'est la dernière guerre coloniale que la France a livrée et perdue. Elle a duré huit longues années. Résultat : cinquante mille morts parmi les appelés du contingent, une population d'origine européenne rapatriée en urgence à laquelle s'agrégeaient les Algériens qui avaient choisi la France. Côté Algériens : un million de morts, un peuple exsangue et quasi analphabète.

Lors de salons du livre dans le sud de la France, il m'arrive de rencontrer des gens qui ont vécu en Algérie, dans un monde ancien. Ils me parlent, le cœur gros, en forçant sur l'accent pied-noir, d'azur, d'anisette, d'amis arabes avec lesquels ils jouaient au foot dans des clubs algérois. Je sens bien que je déçois. Nous n'avons pas les mêmes nostalgies. Je n'ai pas usé mes fonds de culotte aux Trois-Horloges à Bâb-el-Oued. Je suis parisien. Un vrai de vrai. Pour moi, ce sera steak-frites, camembert et PSG. Je plaisante – je ne supporte plus cette équipe depuis qu'elle a été rachetée par le Qatar.

J'en croise d'autres qui regrettent l'Algérie française comme s'ils avaient débarqué du bateau la veille. À ceux-là, je réponds que si ce pays était encore un département français, avec ses quelque quarante millions d'habitants, il est fort possible que je serais leur président de la République. Ça les refroidit aussitôt. De Gaulle n'affirmait pas autre chose lorsqu'il disait à un de ses ministres qu'il fallait lâcher l'Algérie parce qu'il ne voulait pas qu'un jour son village devienne Colombey-les-Deux-Mosquées.

Ils ne savaient pas que l'Algérie avait été française.

Qui n'est pas raciste, ici ?

Ça en dit long sur le contenu de nos manuels d'histoire. Lorsque j'ai sillonné la France avec ce roman, très peu d'élèves savaient que l'Algérie avait été une colonie. Ils n'avaient d'ailleurs pas la moindre idée de ce que pouvait être une colonie. J'expliquais alors que la France avait fait la guerre à l'Algérie et, après avoir gagné, l'avait annexée puis y avait installé des Français qu'on appelait colons. Cette occupation avait duré cent trente-deux ans. Parfois, on me demandait aussi quelle était la différence entre un esclave et un colonisé. L'esclavagisme était un système qui faisait du Noir une sous-espèce humaine corvéable à merci, tandis que le colonialisme était un système qui faisait de l'indigène un homme soumis aux règles du nouveau maître.

L'enseignant, qui me faisait venir dans le cadre du programme intitulé « Éducation civique et morale pour le mieux-vivre ensemble », intervenait souvent à ce moment-là pour savoir si j'étais de ceux qui réclamaient la repentance de l'État français.

Qui n'est pas raciste, ici ?

Ni repentance, ni contrition, ni flagellation, je voulais que l'on dise l'histoire de ces peuples bafoués avec la vérité approchée au plus juste, et que chacun se fasse juge en conscience.

Il y a du vocabulaire en arabe.

Ils devraient savoir que la langue française s'est enrichie d'expressions, de métaphores et de vocabulaire venus d'ailleurs. D'Italie cela va de soi – le français est une langue latine –, mais il y a de l'anglais, de l'allemand, de l'espagnol, du flamand, de l'argot, du manouche, du créole et il y a aussi de nombreux mots d'origine arabe. Dans *Le Porteur de cartable*, il doit y en avoir trois : couscous, tajine, harissa. Mais ça ne passe pas.
Arabe. Le mot-épouvantail.
Entendez-vous dans nos campagnes mugir ces féroces barbares… pourtant. Lors de la Première et Seconde Guerre mondiale, combien de ces barbares, qui avaient alors un an ou deux de plus que

ces lycéens, ont quitté leurs parents, leurs frères, leurs sœurs, leur village, leur premier amour peut-être, pour partir à la guerre dans un pays qu'ils ne connaissaient pas et dont la plupart ignoraient les enjeux même de ces conflits ? Ils venaient d'Alger, de Rabat ou de Tunis, emportant avec eux leur langue maternelle comme unique passeport pour la mort.

Mais ce qui m'a le plus offensé, c'est qu'un de ces jeunes n'a pas voulu lire le prénom d'un de mes personnages au prétexte qu'il s'appelle Messaoud.

Cela m'a renvoyé à Éric Zemmour insultant dans une émission télé Hapsatou Sy, une animatrice noire.

« Votre prénom est une honte faite à la France ! »

Rien que ça.

Dans ces campagnes où l'on ne voit guère plus loin que le bout de son village, on est nourri par les réseaux sociaux ou par les chaînes d'infos en continu qui montent des plateaux avec toutes sortes d'oiseaux, pour gloser à perte de vue sur les derniers maux de la société comme jadis au fameux Café du Commerce. M. Zemmour, qui a micro ouvert sur toutes ces stations, ne se trompe pas lorsqu'il affirme, avec aplomb, que jusqu'en 1993 la loi obligeait les parents à donner des prénoms du calendrier. Il ment sciemment en manipulant le droit.

La loi dont il parle ne date pas de 1993 mais de 1803. Elle a été votée sous l'Empire à l'occasion de la constitution du code civil. Elle a été abrogée en 1966 pour tenir compte de la nouvelle sociologie et démographie du pays. Étaient alors autorisés les prénoms régionaux avec leurs variations. En 1981, elle a de nouveau été modifiée. Dès lors, il n'existe plus de liste officielle des prénoms. Depuis 1993, la loi renvoie à l'autorité publique le soin de décider si le prénom est ou non préjudiciable à l'intérêt de l'enfant. On est bien loin de l'Empire et des petits accommodements avec le droit de M. Zemmour.

Le spectateur devant son écran de télé se dit que si ce monsieur d'une grande notoriété médiatique s'autorise à ironiser en toute impunité sur le prénom d'une jeune femme, pourquoi pas lui. C'est ainsi qu'un lycéen finit par refuser de lire un prénom arabe dans un roman parce qu'il lui déplaît.

Enfin, la professeure a conclu son mail en espérant que cela ne me rebute pas de rencontrer ses élèves.

Le lendemain, je l'ai appelée pour lui dire combien cette déplorable affaire m'avait affecté. Elle m'a expliqué que depuis plus de vingt ans qu'elle enseignait dans sa région, elle avait vu les comportements évoluer dangereusement et de manière incontrôlable. Elle m'a cité le cas d'une collègue dans un lycée voisin, qui avait proposé de faire travailler ses élèves sur l'œuvre de Martin Luther King. Ça avait aussitôt été la bronca. « On n'en a rien à fiche de ce négro. Il n'est même pas français… »

Puis elle a ajouté qu'elle avait besoin de mon aide pour faire comprendre à ses élèves que la France est une et indivisible. Qu'il n'y a pas Eux et les Autres.

Certes. Mais, je ne m'imaginais pas entrer dans sa classe et discuter avec Eux en faisant comme si je ne savais rien de leur état d'esprit. J'entendais que cette affaire ne reste pas qu'entre nous. Je voulais qu'on sache qu'aujourd'hui, en France, des lycéens de province me sont ouvertement hostiles en raison de mon nom et de mon histoire. J'ai décidé avec sa permission que je posterais son mail sur les réseaux sociaux en préservant son anonymat et celui de son établissement pour ne pas stigmatiser tous les élèves. J'avais encore en tête l'exemple de ce lycée dans le Val-de-Marne – ce sont ses enseignants qui me l'ont rapporté –, où trois élèves avaient refusé d'observer la minute de silence après les attentats contre *Charlie Hebdo*. Trois, sur mille deux cents élèves.

Les télévisions n'avaient pas tardé à rappliquer. Les propos des journalistes étaient édifiants de malhonnêteté : « Des lycéens ont refusé d'observer la minute de silence. »

Qui n'est pas raciste, ici ?

Des… Combien ? Dix, vingt, trente, cinquante ?

Le nombre n'était jamais précisé. J'avais trouvé ça injuste pour les 1197 autres lycéens qui s'étaient tus par respect pour les victimes du terrorisme islamique.

Je ne voulais pas que le même sort soit réservé à ce lycée.

La professeure a refusé que je diffuse son mail. Elle craignait les réactions négatives de sa hiérarchie, voire des sanctions. À l'Éducation nationale, on préfère régler ce genre d'affaire en toute discrétion. Pas de bruit. Pas de vague. La poussière sous le tapis, comme disent les enseignants. J'ai insisté. C'était important pour elle parce qu'elle avait besoin de moi pour faire passer le message. C'était essentiel pour moi parce qu'à travers mon combat contre le racisme, c'est bien plus qu'un idéal pour demain que je défends, c'est un modèle de société pour aujourd'hui. Elle a fini par accepter. Avant de raccrocher je l'ai remerciée d'être si courageuse.

« À dans un mois, monsieur », m'a-t-elle répondu.

Qui n'est pas raciste, ici ?

Je m'attendais à être « liké » par mes « amis », qu'ils allaient s'indigner, me souhaiter bon courage comme si je partais affronter une horde de fachos en herbe mais ce fut bien plus que cela : ce fut une déferlante de soutiens. Des centaines de partages et des milliers de commentaires. La presse s'est emparée de l'affaire. J'ai fait la une du grand quotidien local : Akli Tadjer, l'écrivain indésirable. On m'a interviewé pour la BBC, la RTBF, Europe1, France Info et une foule de radios locales. Des journaux russe, turc, israélien, *Le Parisien*, *Le Figaro*, le *New York Time*, *Le Monde*, *Valeurs actuelles*, des journaux algériens se sont penchés sur mon cas. France Inter a fait un sketch sur le sujet – le Cercle des racistes-réactionnaires pas disparus. Hilarant, j'avoue. Hormis l'ActuaLit et Clara Dupont-Monod de *Marianne*, la presse littéraire était aux abonnés absents. Peut-être considérait-elle que ce fait de société dans lequel était impliqué un écrivain en raison de son origine ne la concernait pas.

Qui n'est pas raciste, ici ?

Au début, j'étais gêné par l'ampleur qu'a prise cette affaire. Puis je me suis réjoui que beaucoup d'enseignants aient réagi favorablement en m'envoyant des lettres de soutien car leur quotidien est rempli d'élèves brutaux, grossiers, mal éduqués, âgés parfois d'à peine plus de dix ans, qui font de la provocation. En banlieue, on provoque à coups d'injures sexistes, homophobes, antisémites, dans la France silencieuse on provoque par des injures racistes, antisémites, homophobes. Beaucoup de points communs dans ce triste constat.

Je n'ai pas eu que des partisans. Des dizaines d'anonymes cachés derrière de faux profils Facebook m'ont menacé de mort, voulaient m'égorger, me noyer dans la Seine une pierre autour du cou, ou prétendaient que je ne méritais que six balles dans le dos au lieu de douze parce que je suis franco-algérien.

Cette affaire a remué tant de choses en moi que j'ai revisité notre histoire pour comprendre comment on en était arrivé là :

Qui n'est pas raciste, ici ?

la colonisation, la décolonisation, l'immigration, la Première puis la Seconde Guerre mondiale et tous ces soldats coloniaux tombés pour la France. J'ai tout passé en revue. Je me suis même renseigné auprès du musée de la Grande Guerre de Péronne. J'ai appris que quarante-quatre Messaoud âgés de dix-huit à vingt ans, appartenant à des bataillons de tirailleurs d'Afrique du Nord, avaient laissé leur vie aux portes de cette ville.

À l'élève qui a refusé de lire le prénom de Messaoud, je lui dirais qu'il les a tués une seconde fois.

Jour J.

Je suis devant le portail du lycée et j'attends la professeure. Des journalistes qui faisaient le pied de grue me questionnent. Comment vous êtes-vous préparé ? Quel est votre état d'esprit ? Allez-vous leur faire la morale ?

Des élèves se regroupent autour de moi, ils font des selfies pour alimenter leurs comptes Facebook ou Instagram. Des badauds attirés par la presse du matin sont là, à faire les cent pas en attendant je ne sais quoi. Des gendarmes en gilet pare-balles postés à distance observent la situation sans inquiétude particulière. Pour un peu, on se croirait dans un mauvais téléfilm du samedi soir sur France 3.

Qui n'est pas raciste, ici ?

Le proviseur vient m'accueillir. On se salue fraîchement puis il me souhaite la bienvenue. Je le sens nerveux. Il faut dire que l'affaire Tadjer a fait un sacré bruit dans la région. Son établissement est le lycée dont on parle dans les bistrots, les réseaux, les journaux et ça, ce grand costaud au costume d'employé des Pompes funèbres, il n'a pas l'air d'apprécier.

Je demande des nouvelles de la professeure avec laquelle je n'ai plus de contact depuis un mois. Elle termine un cours et sera bien présente lors de l'entrevue. Alors que nous traversons des couloirs sans fin, il concède que les propos des lycéens étaient déplacés mais ajoute que ça ne méritait pas tout ce ramdam.

« Déplacé, le racisme ? Je croyais que la loi l'interdisait, monsieur le proviseur. »

Je ne l'amuse pas.

Ça tombe bien, je ne suis pas venu pour ça.

Il me recommande d'être indulgent et compréhensif à l'égard des élèves car il s'agit de terminales professionnels issus de milieux défavorisés qui ne s'intéressent pas à grand-chose, ne lisent pas ou très peu. Je crois qu'il a la trouille que ça se passe mal entre nous et que la machine médiatique s'emballe de nouveau. Je le remercie pour ses précieux conseils.

J'énerve.

La classe enfin. Le proviseur me laisse avec la professeure. Elle aussi n'en mène pas large. Elle espère que tout se passera bien et que nous ferons œuvre utile. Puis elle m'informe que le meneur de la fronde, celui qui avait refusé de lire le prénom de Messaoud, n'a pas daigné venir. Il sera convoqué en conseil de discipline avec le risque d'être exclu définitivement. Dommage qu'il ait esquivé la confrontation, j'aurais aimé qu'il me dise d'où lui vient cette détestation de l'Autre.

Les élèves sont debout comme au garde-à-vous. La professeure leur fait signe de s'asseoir puis elle se met à l'écart, dans un coin de la classe. Les tables ont été disposées en U pour que personne ne puisse se planquer dans le dos d'un de ses camarades. Ils sont

Qui n'est pas raciste, ici ?

vingt-cinq. Tous des garçons bientôt sortis de l'adolescence.

J'ai une heure pour m'expliquer et comprendre pourquoi tant de haine à dix-sept ans. Je les regarde l'un après l'autre droit dans les yeux. On me défie. On ricane. On boude. Quelques-uns, je le sens, sont impressionnés. Ils ne se doutaient pas que je viendrais. Ils pensaient, sans doute, que c'était juste un coup de bluff pour faire le buzz sur Facebook, qu'on oublierait cette misérable affaire et que la vie reprendrait son cours comme si de rien n'était. Hélas pour eux, je ne suis ni un bluffeur ni un buzzer. Je ne suis qu'un homme qui ne renonce jamais à ses convictions.

Après un long silence, je me lance :

« Qui n'est pas raciste, ici ? »

C'est la seule question qui me vient en tête, là, tout de suite, devant eux. Je n'ai rien préparé. Je ne prépare plus jamais rien. Chaque fois que je l'ai fait, j'ai manqué de naturel, de générosité, de spontanéité.

Qui n'est pas raciste, ici ?

Lorsque je suis invité à échanger avec mes lecteurs dans des médiathèques, des librairies ou que des enseignants me sollicitent, je laisse parler mon cœur au gré de mes humeurs et c'est beaucoup mieux ainsi.

On s'interpelle du regard, on se jauge, on soupire d'agacement. Certains n'ont pas l'air d'avoir compris le sens de la question et se la font répéter par leur voisin. Tandis qu'ils chuchotent entre eux avant de se décider à répondre, je constate qu'ils sont tous des Français blancs dignes des films des années soixante-dix. À l'époque, les seules silhouettes basanées que l'on entrevoyait étaient le Mohamed balayeur des rues, le Mohamed clandestin craintif, ou le Mohamed sujet aux sarcasmes à cause de son mauvais accent. Pas de quoi vous boursoufler l'ego lorsque vous êtes vous-même fils d'immigrés algériens.

Donc pas de Noir, pas de Jaune, pas d'Arabe, pas même un métis. Tous monocolores.

La France de mon enfance en banlieue parisienne, à Gentilly, ville communiste

Qui n'est pas raciste, ici ?

depuis toujours, c'était un autre monde. Dans mon école, puis au collège, il y avait des Salvatore, des Kechichian, des Ben Boulaïd, des Cohen, des Sklolil venus de je ne sais quelles Carpates et des Martin qu'on ne qualifiait pas encore « de Français de souche ». Nous les appelions les Gaulois parce qu'ils étaient nés, avaient grandi, cabossés et mal vieillis chez nous depuis des générations. La mixité sociale haute en couleur, comme disaient nos curetons rouges.

Notre ligne d'horizon était le boulevard périphérique que nous ne franchissions jamais parce que de l'autre côté c'était Paris, la capitale, un autre pays, une autre civilisation, d'autres mœurs. On nous apprenait aussi que le seul racisme était le racisme de classe. Dans ce cas-là, racisme est un terme inapproprié car il renvoie à une hiérarchie des peuples. Bref, il y avait les riches et les pauvres. Nous, nous étions les petits, les sans grades, les damnés de la terre, nous nous devions d'être tous solidaires, tous frères, tous main dans la main. La lutte finale était pour bientôt. On voyait

Qui n'est pas raciste, ici ?

bien qu'il y avait un peu de pipeau dans leur prêchi-prêcha, mais nous laissions filer parce qu'ils étaient bien braves ces curetons rouges quand j'y repense.

Nous vivions dans des HLM avec nos gueules héritées de nos parents émigrés des quatre coins du monde dans une sorte de misère joyeuse où la couleur de peau et la religion n'étaient pas des sujets de querelles. Mes conflits étaient d'ordre intérieur. J'étais un enfant hautement perturbé.

À la maison c'était l'Algérie. Mes parents parlaient le kabyle pour m'apprendre leurs valeurs, leurs traditions et l'histoire de leur pays, de crainte que je ne devienne un hybride acculturé.

« Un rien définitif », comme aimait à me charrier mon père.

Dehors, c'était la France. À l'école, on m'instruisait de son histoire, de sa grammaire, de sa littérature et de sa morale. Dehors, c'était surtout mon quartier avec ses rues Jean-Jaurès, Gallieni, Raspail et le parvis de la vieille église Saint-Saturnin où, avec les copains et les copines, nous nous donnions rendez-vous chaque soir pour faire les quatre cents coups. Une vie aux antipodes du pays de cocagne idéalisé par mon père pour me transmettre l'amour de l'Algérie.

Moi, j'aimais les deux. La France, mon pays de tous les jours où j'avais mes repères géographiques et mes attaches affectives, et l'Algérie, comme une chimère baignée de soleil avec des souvenirs à venir. L'Algérie, la France, ces deux langues, ces deux cultures si différentes l'une de l'autre s'entrechoquaient en permanence dans ma pauvre tête, si bien que j'en devenais un chouïa schizophrène.

Les dimanches matin, mon père et moi allions dans un bistrot arabe où je remplissais de la paperasse pour les quelques vieux analphabètes du quartier. Parfois, l'on me demandait avec perfidie : « Tu préfères la France ou l'Algérie ? »

Cette question, je la redoutais chaque fois que je retrouvais ces vieillards roués. Elle me mettait dans un état de gêne

Qui n'est pas raciste, ici ?

phénoménal car, parmi les histoires que me racontaient mes parents, il y avait la colonisation et la guerre d'indépendance. À travers ce cortège d'horreurs, j'avais compris qu'ils étaient passés du statut d'opprimés à celui d'immigrés. Au fond rien n'avait vraiment changé pour eux, ils avaient juste changé de continent.

Pour ne pas froisser mon père je répondais : « L'Algérie, bien sûr. »

En appuyant sur le « bien sûr ».

Il était ravi et on me fichait la paix jusqu'à la prochaine fois.

Souvent, on me fait remarquer que les descendants de migrants du Maghreb, essentiellement algériens, n'ont pas l'amour de la patrie chevillé au corps à l'instar de ceux venus d'autres horizons. L'on me cite pour exemple de célèbres scientifiques, philosophes, médecins, économistes, écrivains originaires d'Europe de l'Est qui sont fiers d'être français et le clament dès qu'ils en ont l'opportunité.

Que répondre à cela ?

Qui n'est pas raciste, ici ?

Si j'avais eu des grands-parents qui avaient fui les ghettos, les pogroms ou les dictatures de ces pays, j'aurais, moi aussi, une gratitude éternelle envers cette France généreuse qui les a accueillis et leur a offert le bien le plus précieux qui soit : la liberté de penser et de parler. Mais nous n'arrivons pas du même monde. Cette France qui libérait les uns, privait de cette même liberté des peuples d'Afrique qu'elle avait soumis par la force. C'est tout le paradoxe de notre pays. C'est pour cela que je peux l'aimer sans retenue, c'est aussi pour cela que je peux le mal-aimer sans retenue.

Le gamin à l'identité trouble que j'étais est devenu un homme apaisé, un schizophrène normal. Cette double histoire, cette double culture, cette double peine, qui m'avait tant fait souffrir jadis, est devenue avec le temps une force, une richesse et la source d'inspiration de beaucoup de mes romans.

Ça papote toujours. Je ne me doutais pas que ma question leur donnerait autant à réfléchir.

Qui n'est pas raciste, ici ?

« Qui n'est pas raciste, ici ? » je répète.

La professeure est décontenancée. Elle ne se doutait pas que je serais aussi direct. Elle biaise. Avant d'entrer dans le vif du sujet, elle aimerait que nous abordions *Le Porteur de cartable*. Comprendre les motivations qui m'ont poussé à écrire ce livre et la part d'autobiographie qui le compose afin que l'on puisse mieux me connaître. Je l'arrête. Je n'ai pas fait le déplacement depuis Paris pour parler d'un roman qu'aucun n'a par ailleurs pris la peine de lire. Elle bat en retraite.

« Racistes, pas racistes ? »

Ils réagissent enfin. Une douzaine lèvent la main, certains hésitent encore puis finissent par se décider. D'autres seront de bons petits moutons, ils ont attendu que la majorité de la classe se soit prononcée pour se joindre à eux, mollement, timidement, honteusement.

Huit élèves sont restés bras croisés, buste raide, tête haute, ils me défient du regard. D'une certaine façon, je les trouve courageux d'oser me braver ainsi.

Qui n'est pas raciste, ici ?

À l'un, je demande s'il est raciste. Il garde le silence.

« Qui ne dit mot consent. »

Il acquiesce d'un bref mouvement de tête.

Je pose la même question à un autre.

Il hausse les épaules puis répond avec un sourire provocateur : « Non, monsieur, je ne le suis pas. Ma démarche est purement politique. »

Des voix s'élèvent : « Monsieur, il y en a qui ont levé la main mais qui sont racistes. »

On s'invective, on se traite de balance, de fiotte et autres joyeusetés. Ça rigole, ça chahute, ça se menace. Ça vire au bordel. Je donne de la voix. Que ceux qui ne sont pas intéressés par ma présence sortent, ils ne me manqueront pas.

Pour calmer les esprits, la professeure demande que l'on m'interroge sur mon métier d'écrivain. Ce sont les mêmes questions que j'entends dans les établissements qui n'ont pas travaillé le livre. Depuis quand écrivez-vous ? Combien de livres

Qui n'est pas raciste, ici ?

vendez-vous ? Ça rapporte combien, ce boulot ? Quel est votre auteur préféré ?

Des questions dont ils se fichent éperdument. Des réponses dont je me fiche éperdument. Je ne suis pas ici pour remplir du vide. Je suis là pour que nous crevions l'abcès. Je veux comprendre pourquoi certains d'entre eux ont un problème avec l'Autre, avec l'étranger. Et expliquer qu'on ne naît pas raciste mais qu'on le devient, qu'être raciste c'est se sentir supérieur à l'Autre : je ne suis pas supérieur à eux, ils ne me sont pas supérieurs. En France, le racisme et la discrimination ne sont pas des opinions mais des délits. Qu'ils prennent conscience que, l'an prochain, ils seront majeurs et pleinement responsables de leurs actes devant la justice.

Je suis en train de me fourvoyer dans un discours de salonnard parisien qui va les anesthésier, et moi avec. Il faut que je les implique, que je les mette dans la peau d'un étranger afin qu'ils se rendent compte de ce que c'est que d'en être un.

Qui n'est pas raciste, ici ?

« Qui aimerait vivre dans un autre pays ? »

Ils sont dix dans les starting-blocks, prêts à partir pour les États-Unis parce que c'est le plus grand, le plus fort, le plus beau pays du monde, et Donald Trump est un président à poigne. Mais, par-dessus tout, ils aiment ce pays parce qu'on est libre de penser ce que l'on veut sans en subir les rigueurs de la loi.

« Pas comme en France où on ne peut rien dire », intervient un élève du groupe des huit.

Pour des jeunes qui ne s'intéressent pas à grand-chose, je les trouve plutôt bien informés sur le droit américain.

Je reprends : « Donc, vous êtes prêts à devenir des émigrés ? »

Émigrer, ce mot les dérange. Ils réalisent que lorsqu'on décide de vivre ailleurs on devient *de facto* immigré au même titre qu'un Noir, un Arabe, un Chinois qui a quitté son pays pour gagner sa vie en France. Pour s'intégrer, ils devront parler anglais, apprendre l'histoire du pays et sa culture. Dans les moments de *spleen*, ils auront la nostalgie de leur village, de leur clocher, des 14 Juillet et de leurs amis disparus. Pour six d'entre eux, la charge est trop lourde à porter. Ils renoncent à leur *American dream*. Un autre songe finalement partir dans un pays francophone, au Québec, car avant que son anglais soit fluide il en coulera de l'eau sous les ponts de l'Hudson, admet-il humblement. Les trois derniers sont toujours aussi motivés pour risquer l'aventure parce qu'ils étouffent dans leur région où un chômage endémique ne leur laisse guère de perspective d'avenir. Ils ne veulent pas pourrir sur pied comme leurs parents, qui glandent depuis si longtemps que leurs cadets ne les ont jamais vus au travail. L'Amérique d'abord mais, au fond, qu'importe le pays pour peu qu'ils trouvent un boulot pour s'en sortir et aider leur famille.

Malaise dans la classe. Beaucoup d'élèves se reconnaissent dans ces témoignages émouvants et d'une grande dignité.

Qui n'est pas raciste, ici ?

Le provocateur qui affirmait qu'il n'était pas raciste mais que sa démarche était purement politique lève la main. Son regard d'un bleu polaire me glace. Lui, c'est au Maroc qu'il souhaiterait vivre. Je note qu'il ne dit pas émigrer, s'exiler ou s'expatrier. Lui, il désire vivre. Je ne sais pas où il veut en venir mais je sens le piège. Cela fait deux fois qu'il visite ce pays avec ses parents. La mer, le soleil, la douceur de vivre, des gens serviables, l'une des meilleures cuisines du monde, tous les clichés y passent. Cerise sur le makrout, ils parlent français presque couramment ce qui rend les conversations faciles.

« Les Marocains ne parlent pas français, ils font l'effort de parler ta langue, je rectifie. Si tu as sincèrement l'intention de t'installer chez eux, il faudra te mettre à l'arabe. »

Il laisse couler un long silence comme pour ménager son effet et réplique avec toujours le sourire aux coins des lèvres : « Vous ne croyez pas que je vais me rabaisser à ça. »

Qui n'est pas raciste, ici ?

En une phrase assassine, il vient de me faire comprendre que pour lui l'arabe reste une langue de colonisé. Je décide de ne plus lui donner la parole pour le moment parce que je le sens bien parti pour faire le show devant ses camarades.

Une main se lève, c'est celle d'un garçon au visage très pâle, tout en os. Il me demande s'il m'est déjà arrivé d'être raciste.

Je n'avais pas vu venir cette question, mais l'honnêteté m'oblige à reconnaître que je l'ai été, une fois. J'avais traité de sale bouffeur de bananes mon copain Abdoulaye parce qu'il trichait aux cartes. Ce qui l'avait touché, ce n'était pas que je me moque de lui parce qu'il engloutissait plusieurs régimes par semaine, puisque c'était la vérité, c'était le mot « sale ». J'aurais dû lui demander pardon. Je ne l'ai pas fait. Je l'ai regretté, trop tard. Car je savais combien c'était violent d'être le « sale », celui qu'il faut mettre à l'écart parce que d'où il vient, il ne peut être que malpropre.

En sixième, j'ai eu un vieux prof de chimie au seuil de la retraite qui m'avait pris en grippe parce que non seulement je ne comprenais rien à sa matière, mais j'avais surtout la repartie facile pour masquer mon ignorance. Et ça, ça l'exaspérait à un point... Quand son cours commençait, j'avais la hantise d'être appelé au tableau et de récolter un zéro de plus.

Dès que la mélancolie le prenait, il nous racontait, la rage au cœur, l'horreur du voyage dans le wagon plombé, les miradors, les fils barbelés, les humiliations, les nuits de cauchemar et les petits matins de brouillard. Ça avait été un miracle qu'il ne soit pas mort gazé comme des millions d'autres Juifs pendant la Shoah.

Un jour, alors que je bavardais avec mon voisin, il m'avait ordonné d'un claquement de doigts de venir au tableau. Ce fut encore un zéro. Le zéro de trop. Il avait alors sorti de son cartable un petit sachet en plastique plein de vieux morceaux de savonnettes verdâtres, poisseux, usés jusqu'aux trognons. Il me l'avait tendu du bout des doigts puis il avait dit en ricanant : « Tiens, tu te décrasseras avec ça, ça t'éclaircira les idées. »

Qui n'est pas raciste, ici ?

Le vieux salaud avait bien préparé son affaire pour me ridiculiser devant mes camarades qui étaient restés insensibles à son humour d'une crasse aboutie. Puis il avait susurré, tout bas, pour que personne ne l'entende : « J'espère que maintenant tu vas te tenir à carreau, sale petit bicot. »

J'avais tremblé de honte et fermé les yeux pour retenir mes larmes.

Sa sale blague m'a marqué pour toujours.

À la sortie du collège, j'avais jeté son sachet dans la première poubelle. Puis je m'étais assis sur le banc du parvis de l'église Saint-Saturnin, j'avais retroussé ma manche, regardé la couleur de ma peau, et je m'étais mis à la détester parce que soudain je la voyais sale. Alors, la tête cachée dans mes mains j'avais chialé à chaudes larmes. Je n'en ai jamais parlé à mes parents, je refusais qu'ils se sentent salis comme je l'avais été.

Sale bicot, sale négro, sale youpin, les leçons de l'histoire ne sont pas toujours retenues s'agissant du racisme.

Je l'ai vérifié mille fois, jeunes gens.

Qui n'est pas raciste, ici ?

Un autre m'apostrophe. Il a affirmé son antiracisme mais il commence à douter. Il ne sait plus s'il l'est ou s'il ne l'est pas. Il essaie de formuler des phrases pour ne pas me blesser. Il n'a rien contre les Arabes mais… Il n'a rien contre les musulmans mais… Il n'a rien contre l'islam mais… Il bafouille, martyrise ses doigts, n'arrive toujours pas à structurer sa pensée et finit par se rasseoir sous les lazzis de ses camarades.

La professeure lui demande de s'exprimer simplement, comme il le fait en cours car, précise-t-elle, je suis prêt à tout entendre pour les comprendre et leur faire part de mes convictions : se savoir différent et pourtant semblable. Il prend sa respiration et lâche d'un trait qu'il n'aime pas les Arabes, enfin pas tous, seulement les islamistes. Ils lui font peur. Il pense que leur place n'est pas en France mais dans un pays musulman.

Où se situe la limite entre racisme et islamophobie ?

Qui n'est pas raciste, ici ?

Même s'il ne l'a pas formulé ainsi, c'est le fond de sa question et elle est légitime.

Moi aussi, je me la pose chaque fois que je vois dans la rue ces femmes vêtues de niqabs avec leurs hommes aux longues barbes noires comme un deuil sans fin. Ils portent des kamis, ces tenues venues d'Afghanistan, d'Arabie Saoudite ou du Qatar, pays pourvoyeurs de l'idéologie salafiste et, accessoirement, financiers de mouvements issus de leur pensée rigoriste, dont certains se sont mués en groupes terroristes semant la terreur, la folie et la cruauté partout où ils passent.

Durant les années noires en Algérie, il n'était pas une journée sans que les télévisions ne nous abreuvent du sang des massacrés. S'ensuivait une clique d'imams pleurnichards qui juraient, foi de musulman, que cela n'avait absolument rien à voir avec l'islam, une religion de paix, d'amour et de fraternité. À l'horreur de la barbarie s'ajoutaient leur cécité ou leur mauvaise foi. Évidemment que cela avait à voir avec une certaine façon de penser l'islam.

Qui n'est pas raciste, ici ?

Ma fille, qui n'avait pas dix ans à l'époque, essayait de comprendre ce qu'il se passait là-bas. Je lui mentais. Je racontais que c'était des morts par accident de la route. Elle s'étonnait que l'Algérie soit un pays de chauffards.

— Comment expliquer à une gamine qu'au nom d'Allah on égorge, on brûle, on pille, on viole. Comment expliquer que des crapules nourries à l'islamisme radical ont franchi le pas qui sépare l'homme de l'inhumain pour devenir des brutes sanguinaires ?

Impossible.

Alors, monsieur, je suis raciste quand je vous dis que je n'aime pas ces gens-là et que je préférerais les voir ailleurs ?

Quelques élèves sont du même avis que lui. D'autres encore. Puis c'est toute la classe qui a son mot à dire sur la question. Ils ont peur que des barbus arrivent dans leur village pour imposer leur foi et leurs mœurs. Ils ont peur de croiser chaque jour

Qui n'est pas raciste, ici ?

dans leurs rues des Merah, des Kouachi ou des Coulibaly. Ils ont peur de voir des minarets pousser à l'ombre de leur clocher. Ils ont peur d'être envahis et de perdre leur culture. Au milieu de ce brouhaha surgissent les mots terrorisme, Daesh, Al Qaida, Ben Laden, attentats, 11 Septembre, djihad. Toute une sémantique charriée par une actualité arabe toujours mortifère à laquelle on a fini par s'habituer, comme si c'était la norme de ces pays.

Comment trouver les mots simples et forts pour dire à cette jeunesse qu'il y a un monde entre le musulman que je suis et les islamistes que je fuis ?

Je ne me reconnais d'aucune manière dans leur façon ostentatoire d'aborder la religion. Ce sont des sectaires qui profitent de la permissivité de notre société pour essayer d'imposer leur diktat à d'autres musulmans.

Chez nous, je veux dire à Gentilly, la religion était une affaire qui relevait de l'intime. Nous n'étions pas des musulmans timorés pour autant. Nous fêtions les grandes fêtes de l'islam, la fin du ramadan, la naissance du prophète, l'Aïd-el-Kébir, en invitant la famille et quelques voisins, mais cela ne sortait jamais de la maison. Pour tout dire nous fêtions aussi Noël, avec les cadeaux au pied du sapin que mes parents appelaient la fête des enfants. Nous pratiquions la laïcité « à l'insu de notre plein gré », comme M. Jourdain et sa prose. Pour la prière et la sadakat – l'aumône pour les plus pauvres des pauvres –, c'était à la mosquée de Paris que cela se passait.

Quand on ne pouvait pas s'y rendre, on s'en remettait à Allah de chez soi. Il aurait été incongru et dégradant de pratiquer sa foi dans une cave ou dans un garage. On avait le sens de la dignité en ce temps-là.

Dans la rue, il n'était pas question de s'affubler de djellaba, de babouches et de chéchia les jours de fêtes pour nous singulariser. Nos mères n'étaient pas vêtues comme des chauves-souris, elles ne portaient même pas de foulard sauf celles qui avaient raté leur teinture au henné. Si le français de mes parents n'avait pas été si défaillant, ils auraient pu faire illusion :

Qui n'est pas raciste, ici ?

passer pour des Français vaguement de souche.

Tous les immigrés des années soixante-dix et quatre-vingt travaillaient dans un même but : éduquer leurs enfants, économiser un peu d'argent pour construire une maison là-bas et rentrer définitivement. En attendant de renouer avec le pays des ancêtres, ils se faisaient discrets. Les années ont passé, certains ont quitté la France si esquintés qu'ils n'ont jamais profité de leur retraite, d'autres ont rejoint leur terre natale dans un cercueil, d'autres ne sont jamais repartis.

Dans les cités, comme celle de mon enfance, les Italiens, les Portugais, les Arméniens, les Juifs, et les Gaulois ont été remplacés par de nouveaux migrants exclusivement africains et maghrébins. On a créé des ghettos de marginaux et de désœuvrés ; aujourd'hui on récolte ce qu'on a semé : une voyoucratie née du trafic de la drogue, et l'islam politique s'est engouffré dans la brèche. Des associations et des lieux de culte ont poussé comme des champignons. Ils sont dirigés par des imams salafistes *low cost* qui ont la certitude de détenir la vérité, ce qui les rend encore plus dangereux. Ils ordonnent ce qui est hallal (licite) et ce qui ne l'est pas. Il n'est évidemment pas question d'égalité des sexes. Un homme vaut un homme. Une femme vaut une femme. La mixité à l'école est jugée contraire à leurs principes. Une femme malade ne peut être examinée que par une femme médecin, et j'en oublie tant et tant.

Quant aux hadiths (règles de conduite morale prescrites par le prophète), ils les interprètent, sur-interprètent à leur sauce. J'ai entendu un imam sur une de leurs radios locales qui recommandait aux hommes de ne pas porter des bijoux en or parce que cela provoque des cancers de la peau. Je savais les Arabes très en avance sur leur temps concernant la médecine mais pas au point d'avoir trouvé au VIIe siècle l'antidote miracle à cette maladie. Chapeau. Je pourrais citer d'autres hadiths détournés de leur sens, tout aussi cocasses, mais le sujet ne m'amuse pas.

Des boucheries, des supermarchés hallal, des boutiques de fringues islamiques ont supplanté les petits commerces de proximité. Les derniers Français de souche, devenus minoritaires, ont déguerpi pour s'exiler, plus loin, en bout de ligne du RER. Ça a été un crève-cœur pour ces petites gens de partir de chez eux car, en banlieue, on est d'un quartier comme on est d'un pays.

Dans certains endroits, les familles n'ont plus de contact avec le monde extérieur. C'est ainsi qu'on peut entendre des phrases totalement hallucinantes sorties de la bouche de leurs jeunes enfants. Des phrases que j'ai entendues de mes propres oreilles.

« W'Allah, sur la vie du Saint Coran, je vais le niquer cet enfoiré de koufar. »

Le koufar dont il parle a toutes les chances d'être Abdel, son voisin de palier, qui lui renverra la même insulte. (Pour l'intégriste, le koufar est un mécréant, un quasi sous-homme.)

Qui n'est pas raciste, ici ?

Plus comique ou plus pathétique, c'est selon : « W'Allah, sur la vie du Saint Coran, j'ai regardé *Koh Lanta*, y avait une fille qui chauffait tous les mecs. Moi aussi. J'aurais pas dû chouffer cette émission, c'est h'ram (péché). Allah va me massacrer quand j'vais tomber entre ses mains. »

Que faire et quel avenir pour cette jeunesse française endoctrinée qui vit en *off-shore* depuis toujours ?

Les prédicateurs salafistes honnissent l'Occident mais raffolent de ses technologies. Cherchez l'erreur. Leurs ouailles honnissent les fêtes chrétiennes mais il ne viendrait à l'idée d'aucune d'entre elles de rendre la prime de Noël versée par la Caisse d'allocations familiales. Cherchez l'hypocrisie. Ils se disent contre tous les racismes mais la solidarité s'arrête aux portes de la communauté. Cherchez la contradiction.

Ils n'ont pas pour projet d'islamiser la France, comme on peut l'entendre ou le lire dans certains journaux pour entretenir l'islamophobie ambiante, ils n'en ont ni les moyens ni l'ambition. Les banlieues suffisent à leur business cultuel qui rapporte gros, très gros.

L'autre jour, j'ai pris un taxi, le chauffeur était Kabyle, c'était notre seul point commun. Place de la Bastille, son téléphone portable a sonné l'appel à la prière. Il s'est garé pour l'écouter. Lorsque je lui ai demandé de poursuivre sa route, il s'est résigné à avancer de mauvaise grâce. Je lui ai conseillé de vivre en Algérie, car là-bas, il pourrait pratiquer sa foi en toute quiétude. Il m'a répliqué sèchement qu'il ne repartirait jamais dans un pays où l'on s'accommode d'un islam dévoyé. Ici, pays pourtant impie selon lui, il peut à son aise exercer sa religion, la vraie, la pure, l'unique, celle des salafistes. Dans la ville de banlieue où il réside, le vendredi, jour de la grande prière, les fidèles sont de plus en plus nombreux si bien que le trottoir est devenu le prolongement de la mosquée. Je lui ai rappelé qu'en

Qui n'est pas raciste, ici ?

France la liberté de conscience a ses limites. Pour que puissent vivre en paix ceux qui croient au ciel et ceux qui n'y croient pas, une loi définit ce qui est permis et ce qui ne l'est pas. Ça s'appelle la laïcité. Cette loi dit, entre autres choses, que la religion relève du domaine privé et qu'elle n'a pas sa place ni sur les trottoirs, ni dans les administrations ou les hôpitaux publics. Que ça lui plaise ou pas, c'est comme ça. Il a marmonné dans sa barbe qu'il savait mon baratin par cœur, que j'étais pire qu'un koufar parce que j'étais devenu un apostat et que mon addition serait salée lors du jugement dernier. Les municipalités, dépassées par le phénomène de ces fanatiques qui ne vivent que par et pour Allah, préfèrent fermer les yeux pour acheter la paix sociale et, occasionnellement, leurs voix.

Reconnaître que la France qui n'a pas vocation à être communautarisée risque de perdre de son âme en laissant prospérer le salafisme et son idéologie sectaire n'est pas stigmatiser ma religion, mais ceux qui la manipulent pour fractionner le pays.

Bien qu'ils n'aient jamais lu le Coran, parce qu'analphabètes, mes parents en connaissaient sa rigueur et ses vertus : solidarité sans distinction aucune envers les plus démunis, respect de la religion d'autrui, honnêteté, absence de vanité, paix et salut avec ses voisins. C'est un islam de concorde que les salafistes nomment avec condescendance l'islam des incultes. Pas grave. Le Dieu que mes parents m'ont appris à aimer est infiniment plus beau que le leur.

« Monsieur, si vous ne répondez pas à ma question, ça veut dire que vous ne craignez pas ces gens-là et que vous les soutenez peut-être ? »

Je fais non de la tête.

Je voudrais leur toucher deux mots des années noires en Algérie pour qu'ils sachent que les premières victimes de ces fous de Dieu sont les musulmans eux-mêmes. Mais de cela, ils s'en fichent. Nous sommes en

Qui n'est pas raciste, ici ?

France et l'Algérie est bien loin de leurs préoccupations.

Alors, l'islamophobie est-elle une forme de racisme ?

Je leur réponds qu'à moi aussi les intégristes me font peur. Je leur réponds qu'on peut prier le même Dieu et avoir deux interprétations opposées de la même religion. Je leur réponds que je sais aussi, et c'est pour cela que je suis là, devant eux, qu'il ne faut jamais faire d'amalgame, ne jamais mettre tous les gens qui se ressemblent en apparence dans le même sac car ce serait revenir à notre point de départ : le racisme.
« Croyez-vous en Dieu, monsieur ? »
Dieu, vaste programme. De la lecture du Coran, j'ai retenu qu'il est le reflet de l'âme humaine. Il révèle nos faiblesses, nos turpitudes, nos petites lâchetés et notre angoisse face à notre dernière heure. J'ai aussi retenu que nous ne sommes pas sur terre juste pour faire un petit tour et finir en poussière. Nous avons une mission

Qui n'est pas raciste, ici ?

sacrée à accomplir : aimer son prochain, être bon et juste, vivre en paix dans la foi d'Allah et de Mohamed, son messager, que le salut soit sur lui. Bref être l'Homme parfait. Aux fidèles parmi les fidèles, ceux qui n'auront jamais dérogé à ces injonctions, l'éternité leur est promise. C'est une sorte de partenariat gagnant-gagnant entre le créateur et ses créatures. Mon avis ? Il ne doit pas y avoir grand monde qui se bouscule aux portes du paradis car peu nombreux sont ceux capables de cocher toutes les cases.

Pour ma part, je suis un homme qui doute de bonne foi. Et, dans le doute, je préfère m'attacher aux hommes de leur vivant en essayant de nous rendre meilleurs sur terre plutôt que de spéculer sur l'au-delà. Voilà ce que je pourrais leur dire mais je ne le ferai pas. Alors, je leur réponds que savoir si j'ai la foi ou non ne les concerne pas. Je ne veux pas savoir en quoi ils croient ou ne croient pas, qu'ils en fassent de même avec moi et tout ira bien. C'est aussi cela la laïcité.

Qui n'est pas raciste, ici ?

La professeure intervient pour rappeler les fondements de la loi de séparation de l'Église et de l'État, qui date de décembre 1905. Visiblement, ça leur passe au-dessus de la tête.

L'atmosphère, si pesante à mon arrivée, s'est finalement détendue. Les visages sont plus sereins. J'en vois qui me sourient et d'autres qui prennent des notes sur des feuilles de papier volantes. Je m'assois sur le bord d'une table et les invite à faire cercle autour de moi pour que nous puissions discuter à bâtons rompus. Ils me parlent de leur vie d'aujourd'hui qui suinte la misère et l'ennui, ils me parlent de ce qu'ils feront demain quand ils sortiront de ce lycée. L'un d'eux veut quitter la région pour la montagne. Il adore la neige et la mécanique et aimerait réparer les chasse-neiges. Un autre va passer le concours de la SNCF pour conduire des trains. Un autre va passer celui de la gendarmerie. Un autre veut entrer à La Poste. Ils ont tellement peur de ne pas trouver de travail qu'ils espèrent

Qui n'est pas raciste, ici ?

tous intégrer l'armée ou l'administration publique.

La bande des huit qui se tenait à l'écart s'est peu à peu approchée et s'est incrustée dans la conversation. Au plus grand, je demande combien d'étrangers il y a dans son village.

« Aucun. »

À son copain, je pose la même question. Le seul Arabe qu'il connaît est le restaurateur au bord de la nationale qui fait un très bon couscous. Il s'y rend une fois par mois avec ses parents pour dîner.

« Pourquoi tu es raciste, alors ?

— C'est de famille. »

Son père est raciste, son grand-père l'était aussi. Ça a commencé avec les Allemands, ça ne s'est pas arrangé avec les Arabes et les Noirs.

« C'est congénital, chez vous. »

Congénital, le mot faire rire la classe. Il se vexe, et retourne s'asseoir à sa table en marmonnant des bribes de phrases incompréhensibles. Je crois que c'est définitivement fichu avec lui, je ne l'aurai pas converti à l'antiracisme.

La professeure s'est assise près de moi. L'intifada ne s'est pas produite, la voilà détendue. Elle sourit pour la première fois.
Je leur demande quel est le dernier roman qu'ils ont lu ?
Silence.
Hormis leurs cours qu'ils sont obligés de lire, aucun n'a lu de roman, ou alors il y a si longtemps qu'ils ne se souviennent plus du titre.
« Vingt euros le bouquin, c'est trop cher, monsieur. Je préfère me payer un restau », plaisante l'élève qui veut piloter des chasse-neiges.
Les livres de poche ne valent pourtant guère plus que sept, huit euros. À ce prix-là, il préfère s'acheter un Mac Do.
« Et ton cerveau tu vas le nourrir quand ? »
On me questionne sur mes origines, sur mes parents analphabètes qui ne pouvaient pas m'aider à l'école. Je remarque au passage

qu'ils ne font pas la différence entre illettrés et analphabètes. J'explique. Certains sont admiratifs, d'autres pas car leurs parents ont toujours été incapables de les soutenir. On me charrie en imitant mon accent parisien. On me demande si ça aide d'être écrivain pour pécho des meufs. La professeure rit avec eux. Pour un peu, j'en oublierais la raison de ma venue dans ce lycée.

« Vous aimiez lire quand vous étiez jeune ? Parce que par ici, ça se fait pas trop. Y en a qui disent que la lecture, c'est pour les tapettes. »

C'est un petit gros tout rougeaud qui m'interpelle d'une voix mal assurée.

Je considère que la fonction sociale de l'écrivain est d'aller vers les jeunes des quartiers défavorisés ou ceux des provinces oubliées pour leur donner l'envie de lire, leur faire partager mon goût des Autres et ma passion pour les mots. Ces mots qui, mis bout à bout, forment des phrases qui, comme par magie, finissent par nous dire des histoires.

Qui n'est pas raciste, ici ?

Quand on est enfant, issu d'une famille pauvre comme l'était la mienne, on ne sort jamais de sa rue. On n'imagine pas que le monde puisse être aussi vaste. Ce monde insoupçonné, c'est mon institutrice qui m'en a ouvert les portes. C'était la dernière année avant le grand saut pour le collège. J'avoue que j'ai aimé cette enseignante comme on pourrait aimer une seconde maman. Elle était d'une attention à mon égard qui m'émeut toujours lorsque je l'évoque. Elle me savait timide, solitaire, lunaire. Il est vrai que j'avais l'ennui facile. Dans mes nuits sans sommeil, je ne rêvais de rien. Rien, c'est déjà beaucoup quand vous ne trouvez votre place nulle part. Lorsqu'on me demandait ce que je voulais faire plus tard, rien ne me venait à l'esprit. Je me sentais inapte à tout. Hormis les rédactions où je brillais parce que je laissais libre cours à ma mythomanie et à mes fantaisies, rien ne m'intéressait.

La veille des grandes vacances, mon institutrice m'avait offert un vieux livre à la reliure effilochée et aux pages jaunies

Qui n'est pas raciste, ici ?

qu'elle avait pris dans la bibliothèque de la classe, et elle m'avait dit : « Tiens, ça te fera voyager ailleurs que sur la lune. »

C'était *Voyage au centre de la terre*, de Jules Verne.

Pour la première fois je rapportais un roman à la maison. Depuis, j'en ai hanté des bibliothèques à la recherche d'autres voyages en littérature. Les livres m'ont toujours accompagné. Ils sont comme des petits amis bien plus savants que moi. Ils m'ont permis de découvrir d'autres cultures, d'autres coutumes, d'autres religions, d'autres dieux, d'autres peuples. Ils m'ont apporté les rires, les chagrins, les larmes et mes premiers émois. Ils ont enrichi mon vocabulaire de mots dont je ne me suis jamais servi. La lecture de certains livres m'a dérangé, enragé, et a ébranlé mes convictions, et il m'est arrivé d'admettre que je n'avais pas toujours raison. Mais par-dessus tout, un roman c'est la vie sans les temps morts, voilà le miracle de la littérature.

Qui n'est pas raciste, ici ?

Chaque fois que j'entre dans une salle de classe, je sens sa présence près de moi. Ça me rassure et, tout comme elle, je prends tant de plaisir à dialoguer avec les élèves que je ne compte jamais mes heures.

À mes confrères qui refusent d'aller vers ces Autres qui ont besoin d'attention et d'écoute, je dis : vous pouvez être instruit, avoir du succès, la notoriété et l'argent, si vous n'avez pas le cœur de les rencontrer vous ne valez rien.

« Alors oui, jeune homme, j'ai la passion des livres pour toujours. Et toi, tu aimes lire, écrire ? »

Il détourne le regard, baisse la tête. La professeure murmure tout bas qu'il se prénomme Jules et que c'est la première fois qu'il prend la parole en classe depuis le début de l'année.

Le foot à présent. Ils sont fiers d'être champions du monde. Je ne voulais pas aborder le racisme par le biais du sport. Cela aurait été trop simple et surtout trop démago, de faire l'éloge de ces stars arabes, noires, métisses pour dire : « Voyez, tous

Qui n'est pas raciste, ici ?

ces mecs pas franchement français de souche, heureusement qu'ils étaient là pour nous la décrocher cette coupe. »

Puisqu'ils m'ont entraîné sur ce terrain, je leur fais remarquer leurs contradictions : ils admirent l'équipe de France et qu'importe sa couleur pourvu qu'elle flatte leur ego, alors que certains d'entre eux ont refusé de me lire parce que mon nom et mon histoire leur étaient insupportables.

« On ne vous connaissait pas, monsieur, sinon... », lance une voix anonyme dans mon dos.

« Tandis que M'Bappé, Pogba, N'Golo Kanté, Fékir ce sont vos potes. »

Éclat de rire général.

Je pourrais rire avec eux mais je ne veux pas de cette complicité. Me reviennent les prêchi-prêcha de mes chers curetons rouges qui nous apprenaient qu'une fois passé un certain seuil de richesse ou de notoriété votre couleur de peau s'efface. Vous n'êtes plus noir, vous n'êtes plus arabe, vous n'êtes plus jaune, vous êtes envié, vous êtes l'idole. On vous zizoute à grands coups de

Qui n'est pas raciste, ici ?

déclarations d'amour. Vous êtes la fierté nationale jusqu'à l'échec qui ne manquera pas de survenir un jour. Yannick Noah disait non sans humour : « Quand je gagne je suis français. » Puis il ajoutait en prenant un accent africain : « Quand je perds je suis camerounais. »

En banlieue, c'est la même chose, je sais qu'à un moment on en viendra à parler de foot. Les filles ne sont pas en reste. Elles savent tout sur les frappes de bâtard de Benjamin Pavard, les ailes de pigeon d'Antoine Griezmann et la vie privée d'Adil Rami, l'amant d'une ancienne gloire d'*Alerte à Malibu*, un feuilleton qui sévissait à la télé dans les années quatre-vingt.

Ma fille, c'est tout pareil, elle me force à regarder les matchs à la télé avec elle.

Pour la Coupe du Monde, elle m'a emmené dans une fan zone à Pantin. Le spectacle n'était pas seulement sur l'écran géant, il était aussi du côté des supporters.

Nous étions cinq cents à crier « Qui ne saute pas n'est pas français ! »

Qui n'est pas raciste, ici ?

Blancs, Noirs, Arabes, Jaunes, métis, tout le monde sautait. Parmi ces jeunes enthousiastes, il y en avait qui portaient autour du cou deux drapeaux, celui de la France et celui de la nationalité d'origine des footballeurs. Le drapeau français se mariait avec celui de la Côte d'Ivoire, du Mali, du Maroc, de l'Algérie, de l'Angola, du Sénégal, du Niger, de l'Espagne.

À la mi-temps, c'était une chorale d'un genre inédit. Nous chantions la *Marseillaise* en nous déhanchant sur le Shaku Shaku, une danse nigériane popularisée par Pogba. Après la victoire, ma fille m'a dit que c'est comme ça qu'elle aime et aimera toujours la France.

Plus que la notion d'intégration que l'on mettait en avant avec la France Black, Blanc, Beur – concept largement dépassé aujourd'hui pour expliquer le succès de 1998 –, le génie de cette nouvelle génération ne résidait pas dans l'origine des joueurs mais dans le fait qu'ils étaient unis comme une même famille pour que triomphe leur pays.

Qui n'est pas raciste, ici ?

Cette France sera toujours victorieuse si elle sait rassembler tous ses enfants pour mieux les aimer.

Et ça continue encore et toujours. D'évidence, j'aurais dû écrire un livre sur le foot. C'est un sujet fédérateur et récurrent quelle que soit la latitude.

Le provocateur veut savoir si je trouve normal que le Qatar organise la Coupe du Monde en 2022.

Jamais de question sans sous-entendus avec lui. Je lui prédis un bel avenir en politique. Il sait que personne ne peut trouver « normal » que cet État plus petit que la Corse, qui n'a ni championnat, ni footballeurs, ait la légitimité d'organiser un tel événement sportif. Pour les millions d'amoureux du ballon rond à travers le monde c'est un pur scandale. Et l'émir, la main sur le cœur, de remercier Allah d'avoir désigné son pays pour que l'islam brille sur les stades de foot qu'il va faire construire, à la hâte, à coups de milliards de dollars en important de la main-d'œuvre du Pakistan, d'Inde, du Bangladesh, traitée comme des esclaves.

Que vient faire la religion dans les intrigues et manigances du Qatar avec la FIFA ?

C'est insultant pour tous les musulmans.

« Cher jeune homme, ta question qui n'est en fait qu'une indignation, je la partage sans réserve avec toi. »

Tout cet argent gaspillé pour un prestige éphémère me révulse et participe de mon rejet pour ces tyranneaux des sables.

Il acquiesce, satisfait.

La professeure aimerait qu'à présent l'on recentre le débat sur ma personne. Elle a une question à me poser. Elle est simple et directe : « Y a-t-il du racisme dans le milieu littéraire ? »

Pour être plus précise, elle veut savoir s'il m'est arrivé d'avoir été victime de discrimination et si je connais des écrivains qui, malgré leur air sympa à la télé, sont racistes.

Par où commencer.

En 1984, lorsque j'ai publié mon premier roman, *Les A.N.I. du Tassili*, un texte dans lequel je prophétisais, avec une ironie mordante, ce qu'il adviendrait de la France de la diversité au début du XXIᵉ siècle, nous étions en pleine époque SOS Racisme, mouvement né des premières charges xénophobes contre des foyers de travailleurs immigrés. C'était le temps de la Marche pour l'égalité des droits. « La France c'est comme une mobylette : pour qu'elle avance, il lui faut du mélange » en était le slogan majeur. C'était aussi la mode d'inverser les syllabes des mots. Français devenait Caifran, Juif, Feuj, Arabe, Beur par contraction.

Le propre des modes est qu'elles finissent par passer et c'est heureux. Les Français et les Juifs ont retrouvé leurs appellations d'origine, seuls les Beurs sont restés des Arabes à l'envers.

Comme mon roman avait un certain succès, on m'invitait souvent à la radio et à la télé. On me présentait comme l'auteur beur en vogue. J'ai très vite détesté cette étiquette parce qu'elle ne me renvoyait pas à une vague identité arabe mais à un aliment

Qui n'est pas raciste, ici ?

que j'avais en horreur. Je voulais être un auteur. Juste un auteur, normal. Blanc, comme disait Coluche. Mais systématiquement les questions que l'on me posait commençaient par : « Akli Tadjer en tant qu'écrivain beur que pensez-vous de... »

On voulait mon avis sur l'immigration, le regroupement familial, la situation politique et économique en Algérie, voire dans le Maghreb – des questions pour lesquelles je n'avais aucune compétence. Parfois, à la fin de l'enregistrement, on me demandait l'adresse d'une bonne couscousserie.

Ce qui me dérangeait et me rendait envieux, c'était que ces autres M. Jourdain qui faisaient du racisme sans s'en rendre compte, ne se seraient jamais permis d'interviewer un auteur juif, breton ou corse en commençant par : « En tant qu'auteur feuj que pensez-vous de... » « En tant qu'auteur tonbre, que pensez-vous de... » « En tant qu'auteur secor que pensez-vous de... »

Ils ne me questionnaient jamais sur mes goûts littéraires, musicaux, ou sur la mode – tiens, à ce propos, j'ai été le premier à

Qui n'est pas raciste, ici ?

avoir organisé un défilé de mannequins avec des filles de banlieue au Grand Rex, à Paris –, pas un mot là-dessus. On se fichait de savoir si j'étais de gauche ou de droite, si je préférais les blondes ou les brunes. Dans la plus grande enseigne de librairie mon roman était rangé au rayon Moyen-Orient comme s'il s'agissait d'une traduction. On m'assignait à la beuritude, il fallait que je me démerde avec ça. J'en étais tellement déçu et frustré que j'ai pris mes distances avec le monde des lettres pour y revenir quinze ans plus tard.

Les choses ont changé avec les nouvelles générations de journalistes car beaucoup parmi eux sont issus de la diversité. J'ai la chance d'être souvent invité pour parler de mes livres sur la quête infinie de soi, mais qui raconte aussi la vie chahutée de la reine du tango, et la vie enjouée d'Adèle la reine des Pompes funèbres.

Il m'arrive encore de rencontrer quelques vieux Beurs rances qui regrettent cet âge qu'ils qualifient d'or. Je crois qu'ils

Qui n'est pas raciste, ici ?

regrettent juste leurs vingt ans. Pour ma part, ces années furent de plomb mais je ne regrette pas mes vingt ans.

« Les auteurs racistes », insiste un élève.

On peut être un très grand écrivain et un très petit homme dans la vie. J'en connais oui, mais je tairai leur nom par égard pour leur œuvre que j'ai tant aimée.

La professeure m'indique la pendule, il ne reste plus que dix minutes. Ont-ils encore des questions à me poser ?

« Vous avez fait beaucoup d'études pour devenir écrivain ? »

Je fais non de la tête.

« Bien moins que vous. J'ai arrêté mes études en troisième. »

Incrédulité de tous, y compris de la professeure. Et pourtant, s'ils savaient. J'ai obtenu dans la douleur mon Brevet au rattrapage après avoir redoublé ma dernière année de collège. Devant mes notes exécrables, on m'avait orienté en filière technologique :

mécanique, plomberie, menuiserie, on me laissait le choix.

Mon père était allé voir le directeur car l'idée que je devienne un manuel lui déplaisait. Il aurait aimé que je sois médecin, avocat, expert-comptable – des métiers qui ne salissent pas les mains.

Moi, je rêvais de liberté et d'écrire. D'ailleurs, il m'arrivait d'écrire des textes pour des groupes rock de banlieue dont la notoriété n'a jamais franchi le seuil du boulevard périphérique. Moyennant un petit dessous-de-table mon père aurait voulu qu'on rectifie mon bulletin scolaire afin que je puisse entrer dans un lycée « normal », c'était ses mots. Le directeur avait éclaté de rire avant de lui expliquer que la France n'était pas une république bananière où l'on achète les fonctionnaires à coups de bakchichs. Mon père avait rougi de honte, et moi j'avais honte de lui. Puis il lui avait demandé s'il connaissait une école privée, même catholique, qui m'accepterait. Le directeur avait tué dans l'œuf son dernier espoir. Il lui avait conseillé de ne pas perdre son argent car même le bon Dieu ne pourrait rien pour moi.

Alors, la mort dans l'âme, il s'était résigné à ce que je devienne « un rien définitif » à la condition que je ne lui demande rien, parce qu'à la maison il y avait huit bouches à nourrir.

Mon premier job, je l'ai décroché grâce à une agence pour l'emploi à deux pas de l'Hôtel-Dieu, là où je suis né. À la case « expérience professionnelle », j'ai noté que je savais écrire des chansons et faire de la mobylette. Je tombais à pic. Un journal pour midinettes recherchait un coursier en urgence.

J'ai découvert le monde du travail à seize ans, à peine. On a abusé de ma jeunesse et de ma naïveté pour me donner les courses les plus lointaines sous la pluie, le froid ou la neige. Je m'en suis ramassé des gadins avec ma bécane. J'en ai attrapé des bronchites et des sinusites.

Le midi, je déjeunais avec d'autres collègues qui avaient des années de courses au compteur. Une fois repus, c'était le petit Cognac qu'ils accompagnaient de son lot de blagues racistes glanées dans des émissions radio. Ils se gondolaient en bricolant l'accent arabe, africain ou chinois. Ça me mettait mal à l'aise. Ils le savaient mais ils s'en fichaient.

J'espérais ne jamais leur ressembler.

« Tu connais l'histoire du bougnoule… »

Il arrivait que l'un d'eux me tape sur l'épaule, comme si nous étions amis de toujours, pour me proposer de remplacer bougnoule par Juif, Noir ou Chintok et je constaterais que c'est tout aussi drôle.

Lorsqu'on se permet une blague sur les Juifs, les Noirs, les Jaunes, je sais que, par ricochet, c'est moi que l'on vise aussi.

Je l'ai vérifié mille fois.

J'ai renoncé à déjeuner avec eux pour trouver refuge dans la salle de rédaction où je discutais de la pluie et du beau temps avec le rédacteur en chef. C'était un Juif pied-noir d'Oran. Je l'appelais Monsieur, il m'appelait fiston. Il portait en toute saison une chemise débraillée et autour de son cou se balançait une grosse chaîne en or avec en pendentif une étoile de David.

Parfois, il me parlait arabe. Je n'aimais pas ça car je le comprenais mal. Il y a autant de différence entre l'arabe et le kabyle qu'entre le flamand et le wallon. C'est dire.

Quand nous étions vraiment seuls, il lui arrivait de chanter des mélopées sirupeuses de Farid El Atrache, un crooneur égyptien, ou de Lili Boniche, un maître de la musique arabo-andalouse. Un jour, je lui ai demandé s'il lui arrivait d'avoir la nostalgie d'Oran, parce que moi je ne m'imaginais pas vivre ailleurs qu'à Paris. Il n'en avait aucune. Le passé était mort et enterré, seul l'intéressait ce qu'il allait faire demain.

Cette leçon, je l'ai retenue, et tout comme lui je ne vis que pour demain.

De temps en temps il me faisait réécrire des petits articles que des journalistes avaient bâclés. Juste pour voir, qu'il disait. Je m'appliquais, comme je ne l'avais jamais fait durant toutes mes années de souffrance au collège, pour ne pas le décevoir. Il murmurait : « Bien, bien, fiston. »

Qui n'est pas raciste, ici ?

C'était tout.

Combien de fois ai-je rêvé d'intégrer la rédaction ? Mais du bureau des coursiers au sous-sol à cette salle au dernier étage de l'immeuble, cela revenait à grimper l'Everest.

Un jour est arrivée la catastrophe. Il m'a annoncé qu'il allait quitter le journal pour diriger une boîte de production de musique orientale.

Qu'allais-je devenir sans lui ?

Il était devenu le professeur que j'aurais aimé avoir. Il m'avait appris à prendre confiance en moi, il m'avait appris que de là où je venais et avec le nom que je portais, j'aurais à cravacher dix fois plus que les autres pour m'imposer. Lui-même avait galéré en arrivant d'Oran, il cumulait deux handicaps, il était juif et pied-noir. On lui avait fait payer tous les maux de la guerre d'Algérie. Il m'avait appris à ignorer les méchantes vannes de mes collègues même s'il fallait serrer les dents. Et il m'avait appris à aimer la langue arabe, sa seconde patrie.

Qui n'est pas raciste, ici ?

Avant de partir, il m'a demandé si cela me plairait de faire du journalisme. J'ai dit « oui », d'abord timidement, puis « oui », franchement.

Il a joué de ses relations pour que je puisse m'inscrire à l'école de journalisme de la rue du Louvre, dans le cadre de la formation professionnelle. Quand nous nous sommes séparés, il m'a pris dans ses bras pour me donner l'accolade des hommes et il m'a dit : « Accroche ta charrue à une étoile et tu iras loin. Moi, j'ai confiance en toi, fiston. »

Il s'appelait Georges. C'était un métèque comme moi. Je lui dois beaucoup.

Nous sommes dans les toutes dernières minutes, Jules s'est levé, il est très pâle. Il bredouille que lui aussi a écrit un livre quand il était enfant mais qu'il n'a jamais osé le montrer à personne. C'est l'histoire d'un petit garçon qui a des envies de suicide parce qu'il est obèse et n'en peut plus de subir les brimades de ses camarades d'école. S'il ne se tue pas, c'est par amour pour ses parents. Mais dans ses rêves, il se voit mort, et il est enfin heureux.

Il n'y a pas eu un bruit ni un chuchotis pendant qu'il parlait. Avec ses quelques mots de tous les jours prononcés d'une petite voix vrillée par l'émotion, il nous a tous touchés en plein cœur en nous rappelant combien il est douloureux d'être celui que l'on condamne parce qu'il est différent. La professeure dit qu'elle aimerait le lire, son livre. Il se rassoit et ferme les yeux. Une larme trace sur sa joue. Je l'applaudis puis c'est toute la classe qui l'applaudit à son tour. Il pleure, se lève et quitte la classe.

La sonnerie retentit. Tous sortent dans un vacarme de chaises et de tables déplacées. Ne restent que la professeure et le provocateur. Il souhaite me parler en tête à tête. Il ouvre son cartable et sort mon roman. Les pages sont cornées et il y a des annotations que je n'arrive pas à lire. Il est le seul à l'avoir lu. Ça me touche, et pour tout dire ça m'émeut. Il a aimé l'histoire d'amitié de ces deux garçons qui avaient tout pour se détester mais il ne comprend pas pourquoi Omar et ses parents ne sont pas repartis en Algérie puisqu'ils ont obtenu ce qu'ils souhaitaient : l'indépendance de leur pays.

« Il est des rêves qui ne se réalisent jamais, et c'est peut-être heureux. Mes parents faisaient partie de la deuxième catégorie d'immigrés dont j'ai parlé tout à l'heure. Ils sont rentrés chez eux dans un cercueil après une vie de labeur en France. Je crois que leur pays, ils l'ont aimé comme l'inaccessible étoile. Tu comprends ? »

Il acquiesce puis, après un long silence, il répète qu'il n'est pas raciste mais…

« Mais quoi ? On est raciste ou on ne l'est pas. »

Il cherche en vain ses mots pour se justifier, puis renonce. Il veut juste une dédicace sur son livre pour avoir un souvenir de notre rencontre, qu'il n'est pas près d'oublier.

J'écris : Nous avons tous en nous la capacité de haïr l'Autre, mais nous avons aussi la capacité de nous ouvrir aux Autres. À toi de choisir ton chemin, jeune homme.

Il lit, et s'en va en m'adressant un grand sourire.

La professeure espère qu'il restera quelque chose de positif de cette rencontre.

« On a planté des graines, allez savoir ce qui va en sortir. »

« Inch Allah », conclut-elle avant de se préparer pour un nouveau cours.

Je suis venu dans ce lycée de province pour faire comprendre à ces jeunes qu'il n'y a pas Eux et les Autres. En entrant dans cette classe, je pensais trouver des petits durs, hostiles, butés. Je m'attendais même à des provocations de leur part. Je n'ai vu que des jeunes gens réservés, inquiets pour leur avenir. Comme leurs parents qui ne travaillent pas, ils se sentent déclassés et oubliés. Le bouc émissaire à leur malheur est alors tout trouvé, il est le même depuis la nuit des temps : l'étranger. Et ce ne sont pas les médias qui diffusent en boucle des reportages sur l'arrivée de nouveaux migrants ou sur l'islamisation des banlieues qui les feront changer d'avis. Quand les

Qui n'est pas raciste, ici ?

partis politiques s'en mêlent, c'est la confusion totale. On fait, volontairement ou pas, l'amalgame entre les demandeurs d'asile, les clandestins, les travailleurs légaux, les jeunes des banlieues, français depuis trois ou quatre générations, et le communautarisme. Alors vu de cette France silencieuse, on redoute qu'à la souffrance s'ajoute une autre épreuve, l'arrivée d'immigrés dans les villages.

Que viendrait faire un étranger là où les entreprises ont plié bagage depuis si longtemps que les plus jeunes ne les ont jamais vues ouvertes ?

Rien à faire.

Leur peur est irrationnelle.

Comment sortir de ce cercle infernal ?

Je n'ai pas d'autre recette que de sillonner ce pays de collèges en lycées pour répéter inlassablement qu'il n'y a pas plus grande injustice que d'être discriminé en raison de sa couleur de peau ou de sa religion. La France est l'un des rares pays où peuvent vivre en paix des gens venus de partout. Profitons-en, c'est une richesse unique. Notre richesse.

J'ai dit au début de ce récit que ce qui m'avait frappé dans cet établissement c'était que les lycéens étaient tous blancs. Dans les quartiers, c'est l'inverse. Le Français de souche, il faut souvent le chercher à la loupe. Certaines classes ont des élèves aux origines si diverses qu'il suffit de regarder leur visage pour voyager à travers tous les continents. Ces deux France se sentent stigmatisées et marginalisées. Du côté de la France des provinces éteintes, les plus modestes ont la certitude que leur région est délaissée au profit des zones suburbaines pour avoir la tranquillité avec l'immigration. Ce qui est faux. Moi qui vis depuis quelques années en Seine-Saint-Denis, je sais que ce département est le moins bien doté en infrastructures sportives, en hôpitaux, en commissariats de police, en équipements scolaires. Je veux rendre hommage à tous ces enseignants, policiers et éducateurs qui donnent le meilleur d'eux-mêmes pour pallier les défaillances de l'État. Du côté de la banlieue, on se sent mal-aimé pour les multiples raisons que j'ai déjà expliquées, le communautarisme et la voyoucratie du commerce de la drogue. Mais tous ne sont pas des intégristes ou des dealers, loin s'en faut. Beaucoup vivent leur cité comme une damnation en subissant de plein fouet les conséquences de ces deux fléaux. Quand ils se rebellent pour dénoncer leurs déplorables conditions de vie, on entend que c'est la racaille qui se réveille pour foutre le bordel. Lorsqu'il s'agit des Gilets jaunes qui expriment leur ras-le-bol avec les dégâts collatéraux que l'on connaît en fin de manifestation, nous avons affaire à des patriotes désespérés. C'est d'abord à ce sentiment de deux poids deux mesures que l'on doit s'attaquer.

Une notion forcément subjective puisqu'elle est comme la température. Il y a la réelle et celle ressentie. C'est celle que l'on ressent qui importe.

La France est un pays composite et par conséquent complexe. C'est sa faiblesse

Qui n'est pas raciste, ici ?

mais c'est aussi sa force. Il y a du racisme, j'en ai moi-même été victime nombre de fois, mais c'est un pays qui sait donner beaucoup, que l'on soit Français de souche ou Français de greffe.

Aux jeunes des cités qui se désespèrent au pied de leur immeuble parce qu'ils n'ont pas le bon nom et pas la bonne adresse pour trouver du boulot, je dis : Ne faites pas de votre destin un enfer en vous laissant séduire par les sirènes du communautarisme ou l'argent facile de la drogue. Ne vous coupez pas du reste de vos concitoyens. C'est sans issue. Croyez d'abord en vous, luttez, étudiez, imposez-vous, devenez l'élite. Vous n'avez pas d'autre choix parce que vous n'avez pas de pays de rechange.

Pour être intervenu dans des écoles de commerce, j'ai constaté que l'on trouvait souvent, parmi les meilleurs étudiants, des jeunes issus des quartiers difficiles. Ils ne sont pas arrivés là par hasard. Ce sont eux que l'on voit travailler tard la nuit dans les fast-foods et qui s'enferment les week-ends dans des chambres à quatre ou cinq pour étudier jusqu'à pas d'heure. Suivez-les. Ce sont eux les exemples. Il y va de votre salut. Nous n'avons pas d'autre choix que de vivre, tous ensemble, en bonne intelligence.

C'est pour cela que, quand un enseignant m'invite à rencontrer ses élèves, je le prends comme un honneur et comme un devoir. Je sais que nous allons nous enrichir les uns des autres. Je sais que j'ai besoin d'eux pour comprendre le monde de demain. Je sais aussi que c'est de l'addition de nos antagonismes que naîtra la beauté.

CET OUVRAGE A ÉTÉ COMPOSÉ PAR PCA
ET ACHEVÉ D'IMPRIMER
PAR L'IMPRIMERIE LABALLERY - CLAMECY (FRANCE)
POUR LE COMPTE DES ÉDITIONS J.-C. LATTÈS
17, RUE JACOB – 75006 PARIS
EN MARS 2019

N° d'édition: 02 – N° d'impression: 903271
Dépôt légal: avril 2019
Imprimé en France